JN410341

이제는 알고 있습니다

이제는 알고 있습니다

윤 재 환　제6시집

도서출판 경남

경남시인선●122

이제는 알고 있습니다

윤재환 제6시집

초판 인쇄 | 2008년 9월 25일
초판 발행 | 2008년 10월 1일

지은이 | 윤 재 환
펴낸이 | 오 하 룡
펴낸곳 | 도서출판 경남
631-430 마산시 서성동 66-18
☎(055) 245-8818~8819
FAX(055)223-4343
http://www.gnbook.com
gnbook@empal.com
블로그 : http://gnbook.tistory.com
등록 제2호(1985. 5. 6.)
편집팀 | 오태민 | 심경애 | 구도희

이 책은 경남도문예위원회로부터
발간비의 일부를 지원받았습니다.

ISBN 978-89-7675-516-2-04810
〔값 8,000원〕

| 서 | 시 |

가을에는 자연이 시를 쓴다

모든 생명이 자기 모습을 찾는
가을에는
자연이 시를 쓴다
고운 햇살에 단풍 드는
가을에는
자연이 시인이다
모두가 시인이다

2008년 가을에
시골을 사랑하는 시인 **윤 재 환**

차례

제2부 삶의 향기

제3부 색으로 만나는 계절

제4부 생각의 온도

제5부 사랑이 있는 풍경

제1부

자연의 노래

나의 정원에 그대의 나무를

나의 정원에
그대의 나무를 초대하고 싶다
봄이면 이쁜 꽃을 피우고
여름이면 푸른 가지로 그늘을 주고
가을이면 알록달록 단풍으로 열매를 주고
겨울이면 하이얀 눈꽃을 피워주는
그대의 나무를 초대하여
오래도록 시인의 마음을 지켜주는
아름다운 정원으로 가꾸고 싶다

아름다운 시골 풍경

싱그러운 풀잎이
젖어 있는
유리창 밖에는
더위의 숨을 죽이는
여름비가
저리도 애절하게
내리고
옅은 산안개로
수줍은 듯
고개를 살짝 감춘
산봉우리는
희망의 구름이 되어
나풀나풀 하늘을 오르누나
몸도 마음도 고즈넉한
아름다운 시골의 풍경

토끼풀

우리는 모두
토끼를 잡으러 간다
두 마리의 토끼를 잡으러 간다
두 마리의 토끼를 잡으면
성공한 사람이다
한 마리의 토끼를 잡으면
행운아다
한 마리의 토끼도 잡지 못하면
실패자다
사람이 토끼를 잡는 것은
두 마리의 토끼를 잡는 것은
성공하기보다 더 어려운 일이다
걸음이 느린 사람은
토끼를 잡지 못한다
토끼를 잡으려면
토끼를 쫓아갈 것이 아니라
나 스스로
토끼풀이 되면
토끼는 스스로 온다

그러면
나의 존재는 토끼발이 된다

유곡천 맑은 물은

언제나
낮은 곳으로 흐르는
유곡천 맑은 물은
하늘이 내린 기운으로
곱게 단장하여
낙동강을 만나 바다에 이른다

의령의 명산 자굴산에 기대선
한우산의 영혼을 안고
한 방울의 물꽃이 되어
아장아장 재롱을 떨며
찰비계곡을 청빛으로 그려낸다

궁류면과
유곡면과
부림면을 이어가는
유곡천 맑은 물은
의령의 중심으로 흐르는
생명의 젖줄이 되어
한반도의 정맥인 낙동강으로 스며든다

옛 조상의 역사를 안고 흐르는 유곡천은
부농의 꿈을 품고 마른 땅을 일구는 농부의 한과
미래의 주인공이 되기 위해 작은 꿈을 키우는
어린나무들의 희망을 안고
시시각각 아름다움을 자아내며 계절을 이어가는
그리하여
곽재우 장군은 의병의 꽃으로
안희제 선생은 독립의 꽃으로 피워낸
붉은 역사의 숨결로 흐른다

봄 여름 가을 겨울
사계절 놀이터였던 어린 시절
꿈과 소망과 우정과
혼자만의 애틋한 추억을 담았던
유곡천 맑은 물은
어머니 품처럼 따뜻한 둥지가 되어
눈물보다 정갈한
첫사랑 같은 그리움으로 흐르고 있다

거룩한 섬 독도

너는
아무도 찾지 않는
외톨이가 아니라
핏줄이요
대한민국의 분신이다
동쪽을 지키고 선
든든한 파수꾼
백년이 아니라
천년만년
그 이상을 이어도
버리지 않는
아름다운 땅
백두대간의 기를 품고
동해를 지키며
대한민국의 존재를 지켜가는
거룩한 섬
독도

거미줄

우리의 시각을 비껴난
삶의 공간 한 귀퉁이
구석진 곳에
투명한 날실 뽑아
별빛 같은 형체로
망사의 집을 지어
허공을 비행하는 곤충을
유혹하는
거미줄은
무너지지 않는
끈적끈적한
먹이사슬이 되어
홀로 나는
나방의 비행을 유도하여
자신만의 삶의 영역을 키워 나가는
게으른 거미의
아름다운 수단

바위 나무

시골 산모롱이 한 자락
울퉁불퉁 못난 능선
새들이 배설물을 떨구고 가는
너른 바위
빈틈을 비집고 일어나
키가 큰 소나무가 버린
햇살 받아
떨어지는 이슬 머금고 자란다
흙이 없고
물이 없어도
투정 부리지 않고
발가락이 뒤틀리고
등이 휘고
머리가 가분수가 되어도
그렇게 깜찍한 자태로
아스라이 서서
푸석한 바위를
멋스러운 정원으로 만들어 놓았다
버려질 뻔한 산은

나무의 자존심을 지켜주는
바위 나무가 있어
아름다운 숲이 된다

섬 이야기

오랜 세월 동안
끝닿는 연 없이
홀로 앉아
고독한 시간 따라
뭍에 대한 동경으로
기나긴 세월을 삼켰다
폭풍우에 시달리고
파도에 부딪히며
이겨온 세월 따라
남겨진 흔적만이
자신을 지켜주고 있는데
흐르는 썰물에
아랫도리를 할퀴어버린
섬은
더 많은 고통에 시달릴수록
아름다워진다

갈대는

바람이 불면
흔들리고
햇살이 내려오면
고개 숙이고
그렇게
자신의 존재를
강하게 지켜가는
갈대는
밤이 되면
저 홀로 숨어서
아린 눈물을
쌓는다

억새꽃 숲

야릇한 그리움 같은
설레임을 안고
하늘 맞닿은 정상에 올라서니
가을 햇살에 일어선
은빛 억새꽃 한 무더기
온몸으로 떨며
지친 나를 보듬는다
여윈 억새 숲에서
계절을 잊고
사랑을 흐느끼며
구슬피 우는
둥지 잃은 산새 소리 따라
방황의 끝을 붙잡고
바람 속으로 날아보지만
구슬피 우는 산새 소리에 못 이겨
주체할 줄 모르는
몸은
해 지는 노을 따라
억새꽃 숲으로 숨는다

장미꽃이 피었습니다

첫사랑의 키스보다
더 붉은
장미꽃이 피었습니다
이쁘게도
아름답습니다
담장 밖에서
온몸에 가시를 달고
안을 기웃거리더니
이쁘게 꽃을 피워서
내 시선을 끌고 갑니다
장미꽃이
울타리 밖에 존재하는 것이 아니라
내가 바깥에 머물고 있습니다

숲은 언제나 아름답다

우리 동네 앞에 있는
숲은
언제나 아름답다

왜
아름다운지
눈으로 보기 위해
숲으로 갔다

나무가 있어야 할 자리에 나무가 있고
풀이 있어야 할 자리에 풀이 있고
벌레가 있어야 할 자리에 벌레가 있고
물이 있어야 할 자리에 물이 있고

그 숲에는
온갖 것들이
서로의 영역을 나누며
자신의 자리를 지키고 있었다

자리로 돌아와서

다시

숲을 보았다

아름답다

험한 꽃길

자굴산을 오르다
절터샘에서
금지샘 쪽으로 가는데
먼저 와서 쉬고 있는 산객이
그쪽은 험하단다
알고 선택한 길이다
험하기 때문에
매력이 있고
그곳에 지혜가 있다
쉬운 곳을 선택하면
쉬운 인생이 되고
험한 곳을 선택하면
참다운 인생이 되고
험한 곳에서 피운 삶의 꽃이
더 향기롭다
내 삶은 언제나
험한 꽃길이다

꽃 잎

따스운 햇살에
못 견디어
겉옷
속옷
다 벗고
알몸으로 바람 맞는다
일찍 바람 맞은
꽃잎은
님의 가슴에 떨어져
겨우내 못다 전한 사연
향긋이 들려준다

유리그릇

내 서재에
길다란 유리그릇이 하나 있다
보면 볼수록
예쁘고 귀엽다
만지면 보배인데
손을 놓으면
깨어질 것 같은
불안한 그릇이다
새로운 것을 담지도 못하고
든 것을 비우지도 못하고
자꾸만 좋은 것만 봐야 하고
자꾸만 좋다고 말해야 하고
어쩌다
진실한 말 한마디 던지면
금이 가버린다
금이 가면 회복되지 않는
나의 마알간 유리그릇
비 맞은 풀잎처럼
아침 햇살에 매달린 이슬처럼

벼랑에 올려놓은 어린아이처럼
떨어질까봐
깨어질까봐
불안한 시간이 흐르고
거울처럼 바라보면 깨어지고
소설처럼 말하면 더 맑아지는
장마철 하늘보다 더 요상한
나의 유리그릇
깨어지든
더 맑게 빛나든
이제는
그냥 내버려 두고 싶다
비밀스럽게 말하지만
유리그릇의 존재 의미는
지켜주지 않으면 깨어지는 거다

거미망에 걸린 작은 곤충

내 삶은
거미망에 걸린
작은 곤충
눈부신 하늘 아래 들려오는
꽃향기도
푸른 숲으로 날아가고 싶은
하얀 꿈도
빗물에 떨구어야 하는
날지 못하는 곤충은
사방천지가 열렸는데도
옴싹달싹 못하고
그저
생존에 필요한 숨소리만
기계처럼 내뱉고 있을 뿐이다
오히려
거미망에 걸리고 싶은
유혹의 장난이
나를
날개 없는 천사의 이름으로
머물게 하고 있다

꽃잎을 위한 가지

꽃잎을 위해 존재하는
가지가 되고 싶습니다
이쁘고 향기로운 꽃잎을 위해
뿌리에서 올려주는 영양분을 공급하고
바람결에 떨어지지 않도록 지켜주고
새가 날아와서 정다울 때도
이쁜 꽃이 되도록
몰래 사랑을 바치겠습니다
꽃잎이 떨어져도
눈물 흘리지 않겠습니다
꽃잎이 떨어지고 나면
열매가 맺혀서
꽃잎이 떨구고 간 상처로 아물 것입니다
열매는
새로운 가지를 만드는 씨앗이 되어
여린 싹을 틔울 것입니다
가지가 크고 나면
꽃잎은 또 뽐낼 것입니다
그때도
꽃잎을 위한 가지가 되겠습니다

들꽃 핀 언덕

너는
외로울 때 찾아가서
나의 생각을 내려놓고
기대고 싶은
들꽃 핀 언덕

비가 내리는 선운사에서

비가 내리는
선운사에
5층 석탑이
비를 맞고 서서
중생을 맞이하고 있는데
부처는 비를 맞지 않고
자비롭구나
비야 하늘의 눈물로 내려오지만
불심으로 안식을 찾으려는 중생은
비를 맞지 않으려고
우산을 쓴 채
내린 빗물을 밟는구나

목련꽃에서 낮잠을

우리 집 뜨락에
목련꽃이 피었구나
나 모르는 새
활짝 피었구나
이쁘기도 하지
누가
저 꽃향기 품고
미치지나 않았는지
꽃은 햇살 아래
고결한 자태로
뽐을 내는데
흠모하지 못한 것이
이토록 아픔인 것을
차라리
한 마리 작은 벌이 되어
꽃술에 취해
오후의 낮잠이나 즐겨볼까나

와불님

운주사에 있는
와불님은
앉거나
서면
하늘을 보지 못하고
그 높이만큼으로 보기에
눈높이를 더 낮추어
하늘을 마주하여
누워서 본다

아름다운 정원

봄비가 내리고
맑은 햇살 따라
가느다란 나뭇가지에
새잎이 새록새록 돋습니다
그대의 나무에도
첫사랑 같은 새잎이
새록새록 돋기를
목련의 눈으로 기도합니다
그리하여
봄을 기다리는 우리들에게
푸르름을 가득 안겨주소서
그대의 나무가 있어
내 삶은
아름다운 정원입니다

제2부

삶의 향기

이제는 알고 있습니다

나는
알았습니다
유능하다고 뽐낸 내게도
무능함이 있다는 사실을
힘겹게 알아냈습니다

나는
알았습니다
내가 무척 사랑하는 사람에게도
때로는 귀찮은 존재가 된다는 사실을
아프게 알아냈습니다

나는
알았습니다
내가 어떤 때는
필요한 존재이기도 하고
필요하지 않은 존재가 된다는 사실을
어렵게 알아냈습니다

나는
알고 있습니다
이쁜 장미꽃도
아름다운 사랑도
미울 때가 있다는 사실을
이제는 알고 있습니다

마라톤

꽃은 지고 있었다
달렸다
꽃잎이 생명을 잃고 흩날린다
숨이 가쁘다
제자리를 향해
되돌아올
어리석은 질주
삶의 현장이다
생의 길을 따라
외로운 뜀박질로
헉헉거리며
완주의 꿈을 안고
결승점에서 얻는
자유
지는 꽃보다
더 아름다운
거룩한 자아의 꽃

불꽃놀이

푸른 봄
낮에 핀 꽃을
밤으로 모아서
별빛으로
쏟아내는
아픈 사랑
첫사랑

나무를 위한 새

나무를 위하여 사는
한 마리 작은 새이고 싶습니다

나무가 푸르도록
가지 끝에 앉아서
즐겁게 노래하고

나무가 심심하지 않도록
가지를 흔들며
우아하게 춤추고

나무가 덥지 않도록
날개를 펼치며
시원한 바람을 일으키고

나무가 춥지 않도록
부리를 쪼으며
짜릿한 입맞춤하고

나무가 외롭지 않도록
새끼 새를 낳아
가지마다 둥지를 만들고

봄 여름 가을 겨울
나무를 위하여 사는
한 마리 이쁜 새이고 싶습니다

이슬이고 싶다

그대 목덜미에 매달려
온몸의 기를 느낄 수 있는
이슬이고 싶다

그대 가슴에 매달려
세상을 위해 함께 숨쉴 수 있는
이슬이고 싶다

그대 눈 끝에 매달려
함께 세상을 바라볼 수 있는
이슬이고 싶다

그대 귓가에 매달려
세상의 소리 다 들을 수 있는
이슬이고 싶다

그대 입술에 매달려
진실한 말을 다할 수 있는
이슬이고 싶다

손끝 하나 움직이거나
여윈 햇살에
사라질 운명일지라도
그대의 영혼을 느낄 수 있는
영롱한
이슬이고 싶다

낮은 곳으로

무너져도
낮은 곳으로
터져도
낮은 곳으로
깨져도
낮은 곳으로

그렇게
낮은 곳으로 임한다
고통도
슬픔도

언제나
아름다운 진실은
낮은 곳에 있는데

시냇물처럼
낮은 곳으로 흐르면
미련한 몸짓이 되어
바다에 묻힌다

좋은 나무이고 싶다

시인의 마을 앞
뜨락에 사는
푸른 나무 곁에
색깔 좋은 나무로 서서
바람 불면
닿아서 나풀거리는
가지 맞대고
하늘 위로 꽃을 피우는
보기 좋은 나무로
살고 싶다
작은 숲을 지키며
계절 따라
아낌없이 주는
좋은 나무이고 싶다

숲 속으로 가고 싶다

숲 속으로 가면
새와
나무와
꽃들이
정다운 세상을 이루고 있다

숲 속에서
세상을 바라보면 모든 사람들이
푸르고 행복해 보인다

숲 속에서 바라보는
눈과 마음으로
세상을 바라보고 싶다

나도 숲 속으로 가고 싶다

온몸이 아프다

골목길 귀퉁이에
누운
나뭇잎을 밟았다

바스락
바스락
저항하지 않고
밟혔다

집에 가서
어둠 지우며
자리에 누웠다

온몸이 아프다

바람이 되어

그대가 보고파서
바람이 되어
하얀 커튼이 드리워진
침실이 있는 창가로 갔으나
닫혀진 유리창이
열리지 않아
그대 숨소리 들으며
창가에 머물다
그냥 돌아서서
정원에 선 나무에
꽃만 피우고 말았다

혼돈의 수레바퀴

계절의 질서를 망각한
꽃들의 반란
혼돈이다
제철을 모르고 피는
저 꽃처럼
내 하루도
흐트러진 시곗바늘이다
몸은 굼벵이가 되고
정신은
진흙밭 속으로 빨려든다
햇빛이 맑게 내리고
바람이 스산하게 불지만
내 삶은
오늘도
혼돈의 수레바퀴가 되어
지는 꽃처럼
허공 위로 흩날린다

사랑으로 꽃 피어나는 일

우리가 살아가면서
누군가를 위해
무엇이 된다는 사실은
소중한 일이다
만물의 생명을 잇는 태양이 된다든지
희망의 꽃으로 피어나는 별이 된다든지
언제나 그리움으로 밝아오는 달이 된다든지
그건 너무 형식적이고
모든 것을 다 주는 나무가 된다든지
모든 것을 안고 흐르는 물이 된다든지
모든 것을 밝고 따스하게 하는 불이 된다든지
이것도 일상적인 희망이다
가고 싶은 곳으로 가게 하는 길이 된다든지
외로울 때는 꽃이 되고
지루할 때는 시계가 되고
잠이 올 때는 침대가 되고
그보다
언제 어디에서든지 필요할 때마다
무엇이 된다는 일은

참으로 소중한 일이다
연인처럼
어머니처럼
내가 누군가를 위해
사랑으로 꽃 피어나는 일은
아름다움이다

나뭇잎을 밟는다

비에 젖은
나뭇잎을 밟는다
사그락사그락
사랑에 떠는 소리
어디론가 떠나고 싶은
그리움의 발자국 따라
길은 열려 있고
가는 걸음마다
그 자양분으로
꽃을 피운다
사랑보다 아련한
꽃을
혼자 피운다

버려야 하리

내게서
버리는 것이
모두가 통쾌한 일인 걸
가래침이 그렇고
콧물과
소변과 대변이 그렇거늘
몸에 묻은 때도
지워내면
그렇게 개운한 일인데
어찌 마음속에 든 것은
작은 것조차도 버리지 못할까
굳은 신념과
좋은 생각을 남기고
모조리 털어내야 하리
묵은 때를 벗겨내듯
그렇게 벗겨내는 일은
나를 존재하게 하는
아름다움인 것을
그마저도 버려야 하리

해바라기가 되려면

해바라기가 되려면
얼굴이 큰 해바라기가 되려면
햇살이 잘 드는
언덕에
서 있어야 한다

푸르름을 주는
야릇한 풀도 있고
계절 따라 이쁘게 미소 짓는
들꽃도 있고
여름 더위에 지칠 때
그늘을 줄 수 있는
키가 큰 나무도 한 그루 있고
이슬을 떨구어 주는
풀벌레도 있고
꽃잎이 간지럽도록 노래 부르는
곤충도 있고
더러운 먼지를 털어내는
바람도 있고

아이들이 찾아올 수 있는
오솔길도 있는
언덕이면 좋다

햇살이 잘 드는
언덕에 선
해바라기는
고개를 숙일 때와
고개를 들 때를
잘 안다

청량사에서

청량산 중턱에 자리 잡은
기도 도량 청량사
맑고 깨끗해서 지어진 이름이라
이마가 뜨겁도록 더운 여름날에
청량사에 오르니
이승 떠난 영가의 안식을 위하여
슬픈 기도를 올리네
스님의 목탁 소리 그윽한데
천지를 깨우는 소리라
스님의 염불 소리에
대웅전 앞에서 덥석덥석 절을 하는 중생들
외로워라
그 소리에 깨달음이 있으나
모두가 깨닫지 못하는 것이
세상의 이치이거늘
천지를 깨우는 목탁 소리는
청량산을 울리며 커져가지만
절을 하며 기도 올리는 중생의 모습 뒤로하고
산으로 오른다

정상에 오르고
다시 청량사에 다다를 즈음엔
스님의 목탁 소리가
나의 깨달음도 울려주려나

주인공이 되기 위해

하루하루가
의미를 안고 흐르고
그 하루의 시간 속에서 존재하는
우리의 삶은
한 편의 시요
소설이요
영화 같아라
오늘도
주인공이 되기 위해
대사 없는 극을 연기하며
삼류로 흐르는
작은 엑스트라의 운명 같은
그리고
햇살을 꿈꾸는
기도의 아침을
숭고한 이름으로 맞는다
내 드라마는
주연이 아니라
조연이 주인공인 것을

이 가을의 햇살 아래서
느낀다

낮은 곳으로 흐르면

빗물은 흘러서
바다로 간다
흙탕물이 되어도
바다에 이르면
어느새 맑음이 된다
낮은 곳으로 흐르기에
더 크고
더 강해진다
빗물은 바다에서 올랐기에
바다에 이르는 법을 안다
빗물처럼
낮은 곳으로 흐르면
큰 세상을 지배한다

가슴에 못을 박고 사는 일은

나는
가슴에
여러 개의 못을 박고 산다
고통스럽기도 하지만
나를 지켜주는 나침반이기도 하다
오늘 나는
그중에 하나를 뽑아냈다
뽑아도 아프고
내버려 두어도 아프지만
못을 박고 사는 일은
아름다운 슬픔이다
푸른 오월의 햇살 따라
나를 지키기 위해
사랑의 못을
아린 가슴으로 빼낸다
그 자리에 남겨진 상처는
훗날 그리움의 흔적으로
슬프게 아물리라

꿈은 이루어진다

꿈은 이루어진다
꿈이 이루어지기 위해서는
꿈을 꿔야 하고
꿈을 꾸기 위해서는
잠을 자야 한다
잠을 자기 위해서는
하루를 잘 보내야 하고
하루를 잘 보내기 위해서는
최선을 다해야 한다
최선을 다하기 위해서는
적극적인 자세를 가져야 하고
적극적인 자세를 갖기 위해서는
좋은 생각을 지녀야 하고
좋은 생각을 지니기 위해서는
바른 눈을 가져야 한다
바른 눈을 가지기 위해서는
자연을 바로 볼 줄 알아야 한다
성공은
꿈꾸는 사람의 것이다

우리는 언제나
꿈을 꾼다
꿈꾸는 사람에겐
꿈은
반드시 이루어진다

나는 짐꾼이다

나는
짐꾼이다
세상의 하찮은 짐을 등에 지고 가는
업보의 짐꾼이다
내가 원하든 원치 않든
좋아서든 싫어서든
이 짐 저 짐
거나하게 짊어지고 간다
때로는 너무 무거워
하나를 내려놓으면
또 두 개가 얹히고
두 개를 내려놓으면
다시 세 개가 쌓인다
그래도
가끔씩은 누군가가 내 짐을 대신 짊어지고 간다
짐꾼도 동지가 있어
외롭지 않다
어쩌면
내 등에 얹힌 짐은
나를 존재하게 하는 교훈인지 모른다

늘
나의 짐을 지고 가기에
당신의 그 짐을 맡기려
나를 찾는지 모른다
그래도
내가 그 짐을 지고 갈 수 있는 것은
긴 시간 동안 짐을 진 경험이 있기 때문일 거다
난 오늘도
세상의 하찮은 짐을 지고 간다
내리고 또 올리고
무겁지만 슬프게도 간다
나를 나답게 하는 짐이 등에 얹혀 있어
의미 있는 존재로 살아간다
어리석지만
나는 짐을 지고 가기에
고귀한 이름을 얻는다
나는
세상의 뜻을 향해 무거운 짐을 지고 가는
업보의 짐꾼이다

아름다운 여행

내 여행의 길잡이는
네 개의 바퀴가 달린
네모난 자동차
여행은 언제나
스릴과 생명을 위협하는
곡예운전이다
하지만
자동차가 가는 길이
서툴다 하여
바퀴 하나를 빼어내는 일은
죽음을 향한 몸짓이다
우리가 가는 길은
곱다란 포장길도 있지만
울퉁불퉁 돌밭길도 있고
꼬불꼬불 고갯길도 있다
어디로 가든 길은 있다
추억을 만드는 생각 하나 품고
바람 따라
물결 따라

방향만 놓지 않고 가면
그 길이
행복을 여는
아름다운 여행인 것을

제3부

색으로 만나는 계절

새로 봄이 열린 날

지난 봄
꽃이 질 때만 해도
나무의 생명이 다하는 줄 알았다
겨울 가고
새로 봄이 열린 날
생명을 잃은 줄 알았던 나무에
다시 꽃이 피었다
꽃은 피면 지고
져도 다시 피는
생명의 순환 앞에
나의 삶을 얹어 놓는다
꽃이 피면 아름답지만
꽃이 지면
그 아픔으로
열매가 열린다

봄이 열린 풍경

죽은 듯
볼품없이 겨울을 지키던 나무는
봄비를 먹고
진통을 견디지 못해
속살을 토해낸다
파릇하게 돋은 새싹들이
예의도 모른 채 튀어나와서
꽃으로 피어난다
제 맘대로 피어나서
단정한 질서를 이루는 꽃을 찾아
사람도 강아지도
하늘을 오르는 꽃잎처럼
좋아서 날뛴다

봄 은

봄은
겨울을 벗고 깨어난
봄은
열병을 앓게 하는
첫사랑이다
시인에게 전율을 느끼게 하는
봄은
여인의 심장이다
자연이 낳은
위대한 걸정체인
봄은
한 편의
거룩한 시다

사월의 산

사월의 산은
미인이
목욕을 하고
망사옷을 걸친 채
내 앞으로
걸어오는 것

꽃송이

봄을 맞은
나무에
겨울이 남긴
시린 상처 하나
가지 끝에 매달린
예쁜
꽃송이

여름 산에 가면

여름 산에 가면
푸르른 색깔로 단장한
많은 나무들이 자란다
모양과
크기와
꽃을 피우는 시기는 달라도
벌레와
곤충과
짐승과 더불어서
함께 햇살 쬐고
함께 비를 맞고
함께 바람을 맞으며
푸르게 자란다
우리는 그들을 아름다운 숲이라 부른다
나는 가끔씩
마음을 주려 산으로 간다
그러면 나도 그들처럼
나의 모양과 크기에 맞는
한 그루 푸르른 나무가 된다

초대받고 싶은 잔치

봄이라고
나무들이 아양을 떤다
겨울에는
햇살이 내려도
바람이 불어도
눈이 와도
모른 채 하더니만
봄이 되니
괜한 멋부림으로
가지 끝마다 치장을 하고서
배고픈 봄나비의
시선을 끌어당긴다
나비의 무용 따라
해님의 조명을 받으며
꽃들이 봄잔치를 연다
님이
잔치의 주인공
봄이 되면
언제나 초대받고 싶은

나의 사랑은
오늘도 편지함 앞에서
서성거리며
꽃향기를 품는다

시골의 여름밤

시골의 여름밤은
더위를 잊기 위해
피서지로 떠나버린 도시처럼
텅 빈 생존의 터전이다
대대로 생명을 일구며 터전을 지키는
천국행 사람들
한낮에는
뙤약볕을 피해서
동구 밖 그늘나무 아래 모여 앉아
세상 사는 이야기를 꽃피우고
밤이면 또 그렇게 모여 앉아
하나씩 밝게 빛나 오르는
별들처럼
소근소근 이야기꽃을 피운다
아홉 시가 되면
썰물처럼
하나 둘 집으로 가서 잠에 든다
그러면
가로등만이

관객이 떠나버린 극장의 등불처럼
아무도 없는 골목길에
허수아비처럼 홀로 서서
밤을 지키며
시골의 밤을 지우고 있다

검은 별

밤하늘에
흰 별과
검은 별이 있습니다
그중에
내가 보고 싶은 별은
검은 별입니다
사랑하는 사람의 얼굴은 보이지 않듯이
너무나
그리움이 가득하여
검은 별은 보이지 않습니다
검은 별은
흰 별을 위하여
자신의 빛을 숨겼습니다
검은 별이 있기에
흰 별이 맑게 빛납니다

푸른 나무

너는
언제나 푸른 나무
겨우내 빈 가지에서
봄으로 새순을 틔워
여름날에
뜨거운 볕살과
태풍을 맞으며
진지한 폭풍우 속에서
푸르른 존재의 의미를 지킨 채
가을에 서서
단풍을 드리웠네
너는
푸르름을 안으로 삼킨 채
단풍보다 더 붉은
꽃이 되었구나
꽃잎이 지면 열매가 열리듯
버리고 나면
겨울이 올 거야
가을보다 깊은
겨울이 올 거야

가을에는

가을에는
새소리
물소리
바람 소리
낙엽 소리조차
들리지 않는
숲으로 가고 싶다
가서
숨소리도 멈추고
가만히 누워
구름 사이로 내려오는
햇살 줄기 따라
허공을 날으는
나뭇잎 하나 품고
어둠을 맞이하고 싶다

가을이면

코스모스는
가을이면 흔들린다
은빛 물결 넘실대며
바른 마음을 뒤흔드는
억새꽃도 흔들린다
가을이면
살아 있는 생명이
음탕한 바람 맞아
사랑으로 흔들린다
나도 이 가을에
음탕한 바람 맞으며
억새꽃처럼
흔들리고 싶다

가을 나무의 선택

낙엽이 지고 남은
나무의 모습이
아름다워 보인다
버릴 것 다 버리고
든든하게 서 있는
고고한 자태
그보다
자신의 존재를 만들어 주었던
잎들을 다 떨구고
겨울을 나기 위한
준비로 서 있는
꿋꿋한 자태가
참으로 위대해 보인다
나무는
가을에
자신을 존재하게 해주는 모든 것을
버려야
겨울을 날 수 있고
그래야

봄에
새잎을 틔워서
다시 성장할 수 있다

가을 나무이고 싶다

가을이면
여름내 숨겨진
실체를 드러내는
가을이면
단풍으로
낙엽으로
채울 것 채우고
비울 것 비우고
항상 누군가를 위해 존재하는
가을 나무이고 싶다

꽃수레

가을이 익어가는 숲길로
수레를 끌고 간다
숲에는 향기 가득 꽃이 피어서
보석같이 반짝이는데
빈수레는
그 꽃을 몽땅 싣고 가고
짐을 가득 실은 수레는
짐을 내리기가 아까워
한 송이의 꽃도 싣지 못하네
짐을 실은 수레는
어두운 표정으로 궁시렁거리며 가고
꽃을 실은 수레는
맑은 표정으로 콧노래 부르며 가네
가을 숲길에
빈수레는
꽃수레네

가을이 두렵다

가을에는
가을에는
알 수 있다

여름에 알지 못했던
숨겨진 사실을
알 수 있다

색깔을 보면
분명하다

가을은
자신의 모습을
잘 알게 한다

가을이 두렵다

비우면 행복하다

뭔가를
채울 수 있는
가을
든 것을 비워야
채울 수 있다
가을에는
들판을 익히는 바람 따라
비워버리자
비우면
비운 만큼 채울 수 있어
행복하다

겨울비 오는 밤의 수채화

가로등이 불 밝혀진
어둠이 시작된 시간
흰 설탕 같은 비가 내리는
겨울나무 아래에 서서
하늘을 봅니다
빈 가지가
삶의 무게만큼 스케치되어 있고
젖은 빗방울이
아침을 여는 이슬같이
초롱초롱 맺혀서
별빛 대신에
야윈 얼굴 위로 쏟아져 내리고
겨울나무는
가로등 불빛 세례를 안고
봄을 잉태한 채
화려한 칠월의 꿈을 꾸고
조용한 아침을 위하여
침묵하면
겨울비 오는 밤의 수채화가
오래된 사랑처럼 완성됩니다

하얀 겨울

따뜻함이 그리워지는
차가운 겨울
그대가 좋아하는
하얀 눈이 되어
그대의 둥지에 내리고 싶다
그대가 잠들면
그대의 행복을 위한
눈집이 되어
맑은 햇살이 내리는
아침이면
그대의 둥지 안으로
촉촉하게 스며들고 싶다

겨울 산사

겨울이 곱게 익은 채
곤충의 울음소리도 들리지 않는
산 깊은 골짜기
오두막처럼 홀로 선
작은 산사에 해가지고
고인의 혼백 앞에 타오르는 향불처럼
모락모락 피어오르는 연기 따라
외로운 중생을 구도한 스님들이
불 켜진 방에 앉아
아무도 찾아주지 않을 밤으로
또 누구를 구도하는지
조용한 불심으로 기도를 올리고 있다
밝음은 어둠으로 향하고 있는데
산사로 가는 길에 놓여진
극락교는
어설픈 동행을 사랑으로 인도하고
꽃이 지고 나뭇잎마저 떨어진
겨울 산사에 남은
염불당도

노스님도

나도

하산을 모른 채

홀로되어

어둠 속으로 정제되고 있다

겨울나무 · 2

봄부터
화려했던 존재의 생명을
안으로 삭히며
추위에 떤다
버릴 것 다 버리고
지울 것 다 지우고
그렇게
존재의 의미를 지켜간다
바다만큼 깊고
사막같이 넓고
하늘처럼 높은
겨울나무

제4부

생각의 온도

물이 새는 항아리가 좋다

물을 담는 항아리는
새는 게 좋다
항아리에 담긴 물이 새어 나와야
날아가는 새의 목을 축여 주고
풀도 나무도 자라게 하여
생명의 꽃을 피우게 한다
항아리에 담긴 물이 새지 않으면
물은 썩고
풀과 나무는 시들어서
꽃도 피지 않고
새도 날아들지 않는다
어리석지만
물이 새는 항아리가
더 좋다

비가 오지 않는 날의 우산

비가 오지 않는 날 우산은
을씨년하다
비가 오는 날에는
우산을 연인처럼 소중하게 아끼며
동행을 한다
비가 내리다 그치고
나설 때는
그냥 간다
우산을 쓰고 왔다는 현실조차 잊어버리고
혼자의 모습으로 간다
비가 오지 않는 날의 우산은
버림받은 연인의
사랑이다

만년필을 쓰면서

내게는
희고 검은 삶의 일기를 그려주는
두 자루의 만년필이 있다
그중에서
하얀 종이 위에 푸른 물감을 토하며
내 이름과 생각을 문자로 표현해주는
만년필이
어느 날 실수로 바닥에 떨어졌는데
촉이 휘어져 못 쓰게 되었다
그냥 버리기가 아까워
전문 판매점을 통해 새것으로 갈았다
그런데
보기에는 산뜻한데
펜촉 끝이 마르는 현상으로
글이 잘 쓰이지 않는다
언제 어디서든 펜을 놀리는 대로
나의 이름과 생각이
물 흐르듯 가지런하게 새겨져야 하는데
물이 나오지 않으니 답답할 노릇이다

고장이 나도 헌것을 그냥 쓸 걸
한참이 지난 후에야 미련한 생각을 해 본다
모양 좋은 새것보다
쓰임새 좋은 헌것이 낫다는 것을
이 만년필을 쓸 때마다 느낀다

뜨락 앞에 서서

매일같이
눈만 뜨면 바라볼 수 있는
뜨락 한가운데
꽃 한 송이 피어 있어
이쁘고 향기로웠는데
어느 날
그 꽃은
이쁘지도 않고 향기도 잃은 채
못난 풀처럼 볼품없이 서 있다
며칠 집을 비우고
바람이 있는 길 따라
방황의 시간을 향유한 채
집으로 돌아와
뜨락을 바라보는데
꽃은
더 이쁜 자태로
고고한 향기를 품고
지친 눈을 빛나게 하누나
꽃은

언제나 그대로의 모습으로 서 있는데
바라보는 나의 생각 따라
이쁘기도 하고 밉기도 한 것을
하루의 눈을 뜨는 아침에
뜨락 앞에 서서 깨닫는다

화초 이야기

푸른 색깔
고운 향기로
아장아장 뽐을 내며
꽃을 피우는
우리 집 귀염둥이
작은 화분 하나
언제나 생기 있는 미소로 행복을 선사하지
더 나은 행복을 찾아서
화초를 담고 있는 항아리가 작아
넓고 큰 보금자리로 옮겨 심었다
우리네 집을 생기 있게 만들어 주던
화초는
이내 잎을 뒤틀며
시름시름 앓다가
가진 잎 모두 잃고 말았다
귀여움받던 화초가
새집으로 이사를 하고서
그 낯선 곳에 적응하지 못하고
그냥 시들어 버리고 말았다

그대로 둘 걸 하고 후회해보지만
이미 하나뿐인 생명이
소멸되어 버렸기에
돌이킬 수 없는 강이 되어 흐른다
화초는
자신이 자라는 환경에서
가장 아름다운 꽃을 피우는데

빚으로 사는 세상

못난 몸은
나면서부터 빚을 안고 왔다
자라면서
또 다른 빚을 얻고 얻었다
어른이 되어서도
남은 빚
다 갚지도 못하고
얻기만 했다
마음의 짐을 내리려고
빚을 갚으려 하지만
오히려
더 큰 빚을 얻고 만다
오늘도
빚을 갚기 위해
해와 달을 바라보며
긴 시간을 채워보지만
퍼내도 줄어지지 않는
옹달샘물처럼
또 다른

빚이 자꾸만 쌓여간다
빛으로 사는 세상
빛으로 지워보련다

그리움

꽃술에 매달린
이슬처럼
맑고 여린
아림

비 오는 날 달리면

비 오는 날 달리면
다 젖는다

옷은 비에 젖고
몸은 땀에 젖고
마음은
사랑에 젖는다

어깨 위의 짐

갈수록 약해지는
두 어깨 위에
세월의 무게만큼이나
하나씩 짐이 쌓인다
존재의 의미를 위해
버티고 또 버티며
한 꺼풀씩 내려놓지만
머나먼 길을
외롭게
짊어지고 가야 할
운명 같은 짐들은
줄어들지 않는데
그 짐이
다 내려지는 날
내 삶도
고장난 자동차처럼
버리고 싶은
애물이 되겠지

강가에 가고 싶다

강가에 가면
강물만이 있는 게 아니다

바다를 향해 흐르는 강물도 있지만
강물에는 자유를 찾아 존재의 영역을 지켜가는 고기가 있고
뱃사공의 땀을 씻어주는 강바람도 있고
하얀 들꽃을 피우는 강언덕도 있고
무심한 세월을 낚는 강태공도 있다

강가에 가면
강물 따라 흐르는 희망이 있다
꽃을 피우지 못한 사랑이 있다

석양이 내리는
해 질 무렵
강가에 가고 싶다

내 항아리에 꽂혀라

너는
나의 꽃
난
맑은 물을 담은
예쁜 항아리
너
내 항아리에 꽂혀라
누님 같은 꽃병이 되어
사랑보다 고운 꽃을
짙게 피우리니

비처럼 살고 싶다

밤이 깊은 시간
자연을 맑게 하는
살찐 비가
길게 내리고 있다
내린 빗물로
흙바닥이 흥건히 젖는다
이럴 땐
배고픈 빗물이 되어
마구 쏟아지고 싶다
나의 가슴을 흥건히 젖게 하는
빗물이고 싶다
오늘만큼은
비처럼 살고 싶다

밑 빠진 독에 물을 부어라

밑 빠진 독에
물을 부어라
어리석지만
독에 물은 차지 않아도
그 물이 흘러서
주변의 식물을 자라게 한다

모가지가 잘린 슬픈 은행나무

하늘을 향해 높이 오른
그래서 키가 큰
뜰 앞 은행나무
늦가을이면
꼭 한 번씩
사색의 물결을 이루며
우리들에게 근사한 풍경을 주는데
너무 높이 올라
지난겨울
모가지 슬프게 잘려버렸지
그래도 은행나무는
자른 그놈 증오하지 않고
아름다운 색깔로 물들어
내리는 가을비 따라
멋과 운치를 뽐내며
시름에 잠긴 우리를 숙연하게 하구나
나무도 높이 오르면
모가지 슬프게 잘리는데
사람은 오죽하랴

목어는

생각 없는 나무에
속을 파내어
혼을 넣었다
비워진 자리를 차지한
혼은
경쾌한 소리를 내며
구원의 소리로
우리들 세상에 메아리친다
채움이 아니라 비움으로
소리 내어
채우려는 중생을 구도한다
깎여서 목숨을 건진
목어는

알람시계

맑은 가을 햇살이 찾아든 아침
출근길에
재활용 쓰레기를 버리러 갔는데
쓰레기통에서
맑고 경쾌한 리듬의
알람 소리가 들리더라
시계는 제 가치를 잃고 버려졌지만
자신의 역할을 잃지 않더이다
버려져서도 제 소리를 내는
시계의 정직함을
버린 주인은 알려나

못물은

못에 고인 물은
흐름을 잃고
겨울 추위에 못 이겨
얼음 이불 덮고
깊은 구릉으로 누웠다
못 밖에서 잠자고 있는 논이
개구리 합창으로
깨어날 때
못물은
제 삶의 의미를 안고
생명의 젖줄이 되어
낮은 집으로 흐르리라

구멍 난 그물로 고기를 잡는 일은

따사로운 햇살이 내리쬐는
초가을 날의 오후
어린 날의 추억을 찾으러
그물을 들고 물고기를 잡는데
구멍 난 그물 사이로
잡혀든 고기도 빠져나간다
하기야
그물에 든 고기라고 모두 잡을 수는 없지
그물에 구멍이 나도
잡히는 고기가 있고
나가는 고기가 있다
그래도 잡을 만큼 잡으니
재미도 있고 추억도 있어
구멍 난 그물로 고기를 잡는 일은
재미로 행복을 엮어가는
정직한 사람의 모습이리니

기차는 기다려 주지 않는다

기차는 기다려 주지 않는다
하얀 눈이 내릴 듯한
흐린 겨울
부산으로 가는 기차를 타려
군북역으로 갔다
늘 그렇지만 여유라는 의미를 잃고 역으로 가는데
가는 길도
가는 시간도
다 알지만
어정어정하다 보니
시간은 생각을 앞서가고
혼잡한 정신으로 급하게 달려서
역에 도착하니
예정된 시간으로 떠나는 기차가
서서히 역을 뒤로 밀어내고 있다
기차는
꼭 타야 하는 나를
기다려 주지 않았다

세상을 지키는 주인공

물은
아래로 흐를 때 맑고
꽃은
위로 피어날 때 아름답다

꽃도
물도
어디로 가야 하는지를
알고 가기에
세상을 지키는 주인공이 된다

댐을 무너뜨려야 한다

사람이 살기 위해서
자연을 거슬러
댐을 지었다
홍수를 조절하고
전기를 만들어 내고
목마른 논에 물을 공급하는
거대한 목적을 품고
웅장한 자태로 기염을 토하는
댐은
하류지역의 물흐름을 끊고
상류지역의 뿌리 깊은 삶의 터전을 수몰시키고
하류지역에 물을 필요로 할 때는
수문을 굳게 잠궈놓고
그들만의 맑은 물을 출렁거리고
하류지역에 물이 넘칠 때는
수문을 열고 흐린 물을 왕창 내보내
상류의 수몰지역보다
더 처절하게 수몰시킨다
애환 어린 하류 사람들의

슬픈 역사를 그린 쪽 수가
더 두꺼워지기 전에
댐을 무너뜨려야
자연이 살고
우리가 산다

하루살이의 생각

비 오는 날 태어나면
온 세상이 비 오는 날만 있는 줄 알고
더운 날 태어나면
온 세상이 여름인 줄 알고
추운 날 태어나면
온 세상이 겨울인 줄 알고
밤에 태어나면
온 세상이 어둠인 줄 알고
죽는다
하루만 더 살아도 알 수 있는 것을
하루살이에게
하루를 더 사는 일이
얼마나 큰 염원일까

제5부

사랑이 있는 풍경

너였으면 좋겠다

언제나
나를 의미 있는 삶으로 안내하는 역할이
너였으면 좋겠다

겨울이라고
손이 시리지 않도록 장갑을 선물하고
목이 따뜻하도록 목도리를 선물하고
가슴이 따뜻하도록 스웨터를 선물하고 싶은
내 생각의 선택이
너였으면 좋겠다

한 해가 저무는 시간
모든 것을 잠재우고
조용히 잠드는 시간에 생각나는
오직 한 사람이
너였으면 좋겠다

새로 한 해가 시작되는 첫날 아침에
잠에서 깨어나자마자 생각나는 사람도

너였으면 좋겠다

그리하여
나의 햇살이 되고
나의 빗물이 되고
나의 기둥이 되고
나의 별이 되는 사람도
너였으면 좋겠다

물론
나도 너에게 그런 사람이면 좋겠지만
내 모든 것을 내려놓을 수 있는
오직 한 사람이
너였으면 좋겠다
진정 너였으면 좋겠다

너를 위해 산다

너는
나를
서게 하는 언덕이요
싹을 틔우는 물이요
꽃을 피우는 햇살이요
열매를 맺게 하는 바람이라
니가 그렇듯
나는 또
너를 위해 산다

우산 속에서 빗소리를

비가 내리는 여름날
산사로 가자
주룩주룩 비 내리는 오솔길로
우산을 쓰고 걸어 보자
혼자도 좋고
둘이어도 좋다
우산 속에서 빗소리를 들어보자
뜨거운 심장의 소리보다 더 강렬한
향기로운 빗소리 들린다
천지를 깨우고 생명을 지키는
그 정겨운 소리 감도는
비 내리는 날
산사로 가서
우산을 쓰고 빗소리 들어 보자

축구하는 날에는

대한민국을 대표하는 선수가
축구하는 날에는
아내의 바람대로
일찍 집으로 온다
빨간 옷을 입은 채
나만의 특유한 자세를 취하고서
경기 시작시간에 맞추어
텔레비전에 구속된다
경기 내내
잠든 토끼의 몸짓처럼
숨을 죽인 채
황홀한 죄인이 되어
혹독한 수감생활을 경험한다
그러다
누군가가 골이라도 넣게 되면
소리 없는 아우성을 내뿜으며
너른 숲을 달리는 야생마처럼 날뛴다
경기가 끝나고
한국이 이기면

가석방이 된 죄수처럼
자유로운 세상의 날개가 되지만
한국이 지면
남은 형량이 배가되는 죄수가 되어
눈을 뜨고도 보지 못하는
어둠의 나무가 된다

너에게 주고 싶은 것은

너에게 주고 싶은 것은
마음뿐이 아니지
나의 미소와
나의 향기와
오늘같이 내리는 빗방울과
빗방울 소리
빗방울 느낌
빗방울 향기
그리고
빗방울이 모여 만들어진
맑게 흐르는 시냇물까지
비 젖은 풀잎의 향기와
그 이미지하고
비 맞은 줄장미의 이쁜 모습과
고운 향기까지
거기에
나의 이름과 마음까지 얹어서
함께 드리리다

해 질 무렵 미소가 고운 그녀

풀잎이
맑게 빛나던
나뭇잎 위로
금빛 노을이 내려오는
해 질 무렵
숲을 지키는 나무보다
더 아름다운 존재로
일어서는
미소가 고운
그녀의 눈빛이
고운 향기 품고
내게로 온다
눈부신 햇살 아래서
정갈한 미소로
꽃이 되었던
그녀는
오늘 밤
별이 되어 뜨리라

너를 위해 비워둔 자리

오래 전부터
너를 위한 자리 하나
비워두었지
그 자리는
봄이면 맑은 햇살이 들어오고
여름이면 시원한 산바람이 불어오고
가을이면 고운 단풍이 창을 물들이고
겨울이면 하얀 눈이 소복이 쌓였지
너를 위해 비워둔 자리에는
언제나 희망의 꽃이 피었지
세월의 나무만큼이나
빗방울 소리 따라 시간은 흐르고
너를 위해 비워둔 자리는
주인을 기다리는 빈자리가 아니라
주인을 떠나보낸 아름다운 자리이지
오래 전부터 비워두지 않아도 될 그 자리에
그리움 가득 비가 내리누나

정숙한 여인의 호박죽

새처럼 하늘을 나는
스튜어디스 일이 잘 어울릴 것 같은
구슬같이 정숙한 여인이
날 위해 호박죽을 끓였다
온갖 맛을 다 전해주는 호박에다
단팥과 쌀가루를 넣고
마음까지 담아서
불을 높이고 보글보글 끓였다
뜨거운 진통으로 빚어진
호박죽은
근사한 멋으로 그릇에 담겼다
여인의 정성으로 끓여내었기에
모양도 맛도 일품이다
호박죽의 맛보다
끓인 여인의 마음이 더 거룩하기에
죽이 끓을 때의 에너지가
호박죽의 맛과 향기를 담고
가슴에 가득 차 오른다

냉장고를 비웠다

늦은 밤
슬프게도
냉장고를 비웠다
먹을 수 없는 것도
먹지 못하는 것도
이미
맛을 잃고
자리를 차고 앉았는데
냉장고는
더 이상 아름다운 겨울이 아니었다
여름이 오기 전에
버려도 좋을
버려야 할 것들을 비워냈다
밤이 깊어가는 시간 따라
아린 마음 접어놓고
냉장고를 비웠다
비우고 나니
처음처럼 가벼운데
비워야 할 것이
어디 냉장고뿐이랴

아내의 꿈

사월의 여린 풀잎 따라
소녀는
하늘을 우러러
기억하고 싶은 꿈 하나 꾼다

달마다
책 한 권 읽을 수 있고
탁자에 꽃이 놓여 있고
과일이 떨어지지 않는 삶을

그렇게
꿈꾸어 온 시간
삶의 흐름 따라
누님같이 중년이 된 여인

아내는
꿈을 얻고도
먹이를 찾는 두견새처럼
여린 고민에 젖어 있다

아내를 위한 새

나의 사랑이 녹슬지 않은
오늘은
아내를 위하여
행복을 창조하는
새가 되었습니다

배고픔을 잊도록 저녁식사를 차려 올리고
아내가 드라마를 보는 동안 설거지를 하고
후식으로 과일을 챙겨드리고
입 안 가득 그윽한 향기를 위해 커피를 타서 올리고
저녁별을 보며 쉬도록 세탁물 걷어서 챙겨넣고
신문을 보도록 젖은 세탁물을 널고
책을 읽으며 사색에 젖도록 음악을 켜 드리고
열심히 일한 피로가 풀리도록 어깨랑 팔에 안마도 해 드리고
밤이 깊어 조용히 꿈나라로 가도록
밝은 전깃불을 꺼드렸습니다

성격이 차분한 아내는

모처럼 씁쓸한
단꿈에 젖었습니다

아내를 위하여
이런 날이
많았으면 좋겠습니다
일주일에 한 번
아니 한 달에 한 번
그것도 어려우면
일년에 딱 한 번이라도
아내의 행복한 미소를 위하여
나의 젊은 사랑을 바치고 싶습니다

아내의 반란

내가 사회 일로 바쁠 때
늦은 시간에 집으로 왔는데
아파트 문을 열자
아내는
들어오기만 하면 아래로 뛰어내린다고 아우성치더니
나가려 하자
나가기만 하면 뛰어내린다고 협박을 하니
순간
머리가 띵해지는데
단순하게 생각하고 행동하는
아내의 반란 앞에
복잡하게 생각하고 행동하는
나는 그대로 멈춰서서
아내의 눈치를 살피며
침묵해 버렸다
그래도
누구나 존재의 이유가 있듯
집으로 들어오는 것을 반기는
아내의 반란은

나를 보금자리로 들게 하는
작지만 소망 같은 사랑인지 모른다

특별한 우리 집 아침 풍경

지난밤에 당직 근무를 하고
출근하는 시간인 아침에 들어갔다

아내는
자유의 몸짓으로 침대를 안고 있고
아이들은 바닥에 떨어진
과자 부스러기처럼 천진난만하게 누워 있다

거실에 놓인 탁자 위에는
간밤에 손님을 치른 흔적이
고스란히 재연되어 있다

반쯤 비어버린 포도주는
뚜껑도 닫히지 않은 채 외로이 서 있고
세 개의 유리잔에는 포도주가 반을 차지하고 있고
안주로 먹다 남은 메론은
껍질이 벗겨진 것은 쟁반 위에
껍질이 벗겨지지 않은 것은 탁자 위에
을씨년스러운 자태로 놓여 있다

내가 들어온 것을 인식하자
평소의 아침 풍경이
빠른 그림으로 스케치되는데
공습경보의 실제상황이다

아내는
하루 휴가를 받은지라
느긋한 얼굴로 잠에서 깨어나고
아이들은 지각생이 되어
순식간에 집을 나섰다

우리 집 가훈

우리 집 가훈은
미래를 위한 가치 창조다
우리 집은
미래를 위하여
가치를 창조하는 공간이다
나도 아내도
아이들도
미래를 위한 가치를 창조하는
생각이 열린 존재이다
밥도 먹고
잠도 자고
커피도 마시고
책도 읽고
텔레비전도 보고
아웅다웅 싸우기도 하고
그렇게
자연의 의미로 살아가는
우리 집에는
진실한 삶이 있다

가정을 위하여
사회를 위하여
소박한 자태로
미래를 위한 가치를
창조해 나간다

시인의 숨소리

차가운 쇳조각의 종소리가
산사의 여운을 주는
이 밤
그 종소리가 그립습니다

누구를 위하여 울리는 종인지
맑고 경쾌한
그러면서 그윽하기만 한
종소리가
잠든 우리의 생각을 깨웁니다

시를 쓰는 사람이 시인이 아니라
세상에 알 것 다 알고
세상의 시름 다 체념하고
시처럼 사는
그런 사람들이 시인이라니

이 밤
시인의 숨소리가

저녁 무렵에 울린 종소리 따라
구혼의 기도처럼
어둠 속에 나직이 들려옵니다

집으로 가는 길

하루 일을 끝내고
집으로 간다
밝아서 텅 비었던 너른 공간에는
어둠이 가득하고
어제보다 하루를 더 지고 가는
어깨는 오히려 가볍다
자전거를 타고
아침에 들어섰던 문을 나서면
나만의 작은 자유가 열린다
마침
친구로부터 전화가 왔다
오른손은 자전거를 잡고
왼손은 전화기를 들고
아름다운 꽃 이야기를 나눈다
모든 사람들이 다 지나간
텅 빈 길을 혼자서 간다
하늘은 외롭지 않도록 고운 별을 주고
가로등은 어둡지 않도록 밝음으로 안내하고
나무들은 봄의 진실함을 안고

나란히 서서 신선한 바람의 박수를 준다
어린 꿈나무들의 무대인
학교 앞에 다다르자
길바닥에는
천천히 가라고 표시도 해놓았다
오늘 하루보다 더 아름다운
친구의 꽃 이야기는
내일이면 잊혀지겠지만
집으로 가는 길은
또 하나의 행복이 된다

두 마리의 새 이야기

하늘을 자유롭게 날으는
두 마리의 새가
겨울을 따뜻하게 날기 위해
봄이 되어
꽃씨를 물고 와서
양지바른 언덕에 묻었다
한 마리는 살아 있는 씨앗을
한 마리는 죽은 씨앗을

한 마리는
싹이 튼 꽃을 피우기 위해
여름 내내 땀 흘리며
부지런하게 가꾸었고
한 마리는 싹을 틔우기 위해
여름내 땀 흘리며
부지런하게 가꾸었다

가을이 되어
한 마리는

자신이 키운 영롱한 열매를 얻었고
한 마리는
다른 새가 남겨둔 열매를 얻었다

겨울에
한 마리 새는
새끼 새를 낳았고
한 마리 새는
죽은 씨를 뿌렸던 언덕에
묻혔다

나의 존재를 봄으로

겨울이 가고 봄이 오듯
그렇게 봄을 찾아서 가자
다시 겨울이 온다 할지라도
우리는
봄을 열어야 할 운명이다
그 긴 겨울은
이제 녹슬은 서랍 속에 묻어두고
온갖 예쁜 꽃들이 피는 봄을 열어보자
우리의 거울이 되는 자연처럼
겨울에는 생명풀을 싹틔우지 못하듯이
겨울에는 꽃을 피우지 못하듯이
우리에겐 더 이상 겨울이 필요하지 않다
새봄에
어린 싹을 틔우고 꽃을 피워보자
노란 개나리처럼
연분홍 진달래처럼
하이얀 목련처럼
그렇게 곱고 향기로운 꽃을 피워보자
꽃을 피워서

미래의 꿈을 나눌 아름다운 동산을 꾸미고
봄을 찾아 날갯짓하는 나비와 벌을 불러모아
화려한 축제를 열어보자
한 줌의 흙이 헛되지 않도록
한 방울의 이슬이 헛되지 않도록
한 아름의 거름이 헛되지 않도록
그리고 하나 된 우리의 목소리가 헛되지 않도록
그렇게 축제를 열어보자
태극기보다 더 소중한 깃발을 올리고
생명보다 더 소중한 의미를 내걸고
밟아도 밟아도 뭉개지지 않는 질경이처럼
봄을 준 자연에게
진정한 여름의 의미를 만들어 주자
여름으로 가을에 맺는 열매는
모두 너의 몫이니
나의 존재를 봄으로 안내해주오

어머니의 보리타작

따갑게 내리쬐는 햇살만큼
눈부신 초여름 하루
배고픈 사람들의 희망으로 익어간
누런 보리밭에서
어머니의 한숨 섞인 소리에
이웃집 아저씨의 기계로
타작을 한다
잦은 비로 인해
빗물에 썩어간 뿌리는
균형을 잃고 어정쩡하게 서서
힘없이 매달려 있는 보리 열매를
떠받들고 있다
타작을 하는 기계 소리에
잘 들리지 않는
어머니의 푸념 소리 위로
해는 뉘엿뉘엿 기울어가고
이삭도 줍지 않은 채
내년에는 보리를 심지 않겠다는
서글픈 다짐이

저무는 노을빛 따라
노쇠해진 어머니의 등 뒤로
흘러내리고 있다

세상을 푸르게 지켜가는 이름

봄을 맞아
색색의 이쁜 꽃들이 피고 지고
꽃이 진 자리에
상처의 흔적으로 돋아난 잎들이
싱그러움을 여는 초록의 세상
그 잎처럼
어머니의 고통으로
이 땅에 피어난 지 45년
그 시간 동안
많은 꽃들이 피고 지고
많은 잎들이 나고 지고
그렇게 흐르는 시간 따라
꽃보다 아름다운
잎보다 싱그러운
향기와 미소로
존재의 멋을 지켜가는
5월의 여왕으로 피어났나니
더 긴 시간 동안
따스한 봄을 여는

아름다운 꽃이 되고
싱그러운 잎이 되어
이 세상을 푸르게 지켜가는
영롱한 이름이길

어머니는

어머니는
내 삶의
밭이요
언덕이요
햇살이다
어머니는
나의 시다